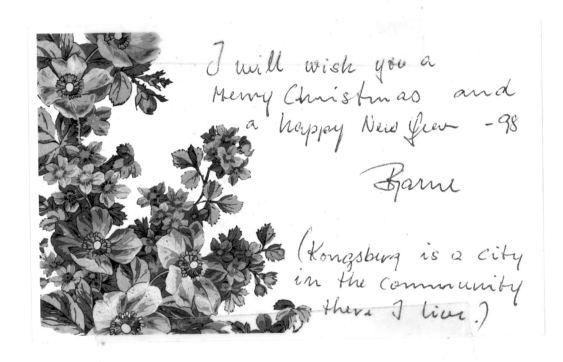

I will wish you a
Merry Christmas and
a Happy New Year - 98

Bjarne

(Kongsberg is a city
in the community
there I live.)

Bildebok

fra Kongsberg

Scenes from Kongsberg

Utgiver:
Laagendalsposten og Stiftelsen Kongsbergpatriot'n

Redaktører: Aage Gudnitz Skarrud og
Vidar Skaar Borgersen
Fotografer: Jan Storfossen, Halvor Rock
Løwer, Halvor Syvertsen, Ståle Weseth,
Lars Bryne, Jiri Havran, Tor Aas-Haug,
Oddvar Rønnestad, Norsk
Bergverksmuseum, Vidar Skaar Borgersen
Grafisk design: Vidar Andersen
Tekst: Vidar Skaar Borgersen
Oversettelse: TransEd
Repro og trykk: M. Vanbergs Trykkeri A.s
Opplag: 4.000
Utgiverår: 1997
Utgivere: Laagendalsposten og Stiftelsen
Kongsbergpatriot'n
ISBN 82-7494-019-9

Det var slik det begynte

Kongsberg by ble anlagt på en høyde på vestsiden av Numedalslågen i 1624. Året før kom kong Christian IV hele veien fra København for å se Kongens gruve, hvor sølvet ble funnet i 1623, samtidig som han bestemte hvor byen skulle ligge.

Som Christian IVs andre byer, Christiania og Kristiansand, har også Kongsberg kvadratur. Men ettersom byen vokste ut over kongens opprinnelige byplan, kom gatene til å sno seg på lykke og fromme rundt hjørnene på de gamle bergmannshusene.

De første årene var det stor byggevirksomhet i Bergstaden. Likevel vokste folketallet raskere enn myndighetene maktet å bygge husvære.

Den røde hane har gjennom alle år vært en hyppig gjest på Kongsberg. Av den grunn har mange gamle bygninger gått tapt for ettertiden. Den største katastrofen inntraff i mars 1810 da store deler av Vestsiden ble lagt i aske. Mot slutten av 1700-tallet var Kongsberg blitt Norges nest største by, etter Bergen.

I dag fremstår Kongsberg som en moderne, fremtids-rettet by tuftet på gamle tradisjoner og arven etter generasjoner av flittige arbeidsfolk.

It all began many years ago

In 1624, the town of Kongsberg was founded on a hill on the west bank of the River Numedalslågen by decree of King Christian IV in 1623, after he made the long journey from Copenhagen just to see the King's silver mine, where silver had been discovered that same year.

Just like Christiania (Oslo) and Kristiansand, the other towns founded by Christian IV, Kongsberg is built on a quadrature. But as the town grew beyond the King's original plans, the streets soon wound their way higgledy-piggledy past the corners of the old miners' houses.

The town expanded rapidly in the next few years, but nevertheless the population grew faster than the authorities managed to build housing. Fires have raged through Kongsberg many times over the years, and many old buildings have been lost for ever. The biggest disaster occurred in March 1810, when large areas of Vestsiden were razed to the ground.

By the end of the 1700s, Kongsberg was the second largest town in Norway, next only to Bergen.

Today, Kongsberg is a modern, progressive town with roots secured in the traditions and heritage of generations of industrious working people.

Kong Christian IV (1577-1648), byens grunnlegger. / *King Christian IV (1577-1648), the founder of Kongsberg.*

Gruvetoget frakter turister inn i Kongens gruve. / *The mine train carries tourists into the King´s Mine.*

Bergseminaret bygget i 1786. / *The College of Mining built in 1786.*

Litt historie. Kongsberg Sølvverk har opp gjennom tidene virket som en magnet på landets konger.
I Håvet er de kongelige monogrammene hugget inn i fjellveggen til minne om besøkene.
Byens og Sølvverkets historie er nøye knyttet sammen. Sølvverket ga arbeid til byens befolkning og var stort sett eneste arbeidsplassen i byen fram til 1814, da Kongsberg Våpenfabrikk ble grunnlagt.

A few historical facts. Through the ages, Kongsberg Silver Mines have acted as a magnet on the kings of Norway. At Håvet, the royal monograms are engraved into the mountainside as a memorial of their visits.
The history of the town and silver mines is closely interwoven. The silver mines provided work for the townsmen and up until 1814, when Kongsberg Våpenfabrikk was founded, was just about the only source of employment.

Kronene i Håvet. / *The Crowns in the Håvet.*

Bondegården ligger bare ett kvarters gange fra sentrum. / *The farm is just 15 minutes walk from the town centre.*

Denne gamle døra beskriver Knut Hamsun i boka «En vandrer spiller med sordin». / *Knut Hamsun, a famous Norwegian writer, describes this old door in one of his books.*

Gamle Kongsberg. Den opprinnelige Bergstaden lå på vestsiden av Numedalslågen. I riktig gamle dager kom ikke hvem som helst inn i byen. Først måtte det bevises at man hadde noe der å bestille.
Ennå i dag er Vestsiden, med sin gamle trehusbebyggelse, noe helt spesielt. Her finnes staselige bygårder og pittoresk småhusbebyggelse.
Nye hus bygges i tre og glir fint inn i miljøet.

Old Kongsberg. The original mining town lay on the west bank of the River Numedalslågen. Back in olden days, not just anybody could enter the town gates – first you had to prove that you had business there. Vestsiden is still today, with its old wooden buildings, a unique quarter. Here you will find imposing town houses and picturesque cottages. New houses are built in wood and blend beautifully with the old buildings.

I Spenningsgate er den gamle trehusbebyggelsen inntakt. / *In Spenningsgate (Spennings Street), the old wooden housing is still intact.*

Den gamle bebyggelsen på Korpemoen rommer mange koselige oaser. / *The old housing in Korpemoen encloses many pleasant oases.*

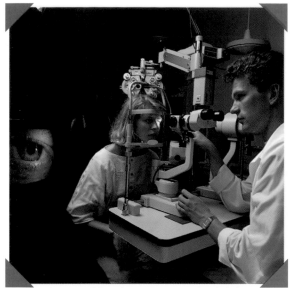

Optometrisenteret på Kongsberg er Norges eneste skole for optikere./ *The optometry centre at Kongsberg is the only Norwegian college of optometry.*

Tinius Olsens skole er en teknisk fagskole som ligger sentralt i byen. / *The Tinius Olsen College of Technology is located in the centre of the town.*

Høgskolen har beriket studentmiljøet i byen. / *Buskerud College has enhanced the student environment in the town.*

Teknologibyen. I løpet av de siste ti årene har næringsgrunnlaget i byen «forvandlet seg» fra verkstedindustri til en rekke høyteknologiske og kunnskapsbaserte virksomheter. Mange av bedriftene er ledende på verdensmarkedet. Tilsammen arbeider nå mer enn 4.000 personer i industribedriftene på Kongsberg. Byen kan idag smykke seg med den uformelle tittelen «Norges teknologiby».

***The Technology Town.** During the last 10 years, the town´s industrial basis has evolved from workshop-based industries to high-tech and know-how based companies. Many of the companies are world leaders. Altogether, more than 4,000 people work in the industrial companies in Kongsberg.*
Today, Kongsberg can justly call itself "The high-tech town of Norway".

Montasje av avansert elektronikk. / *Assembling advanced electronics.*

Bergverksmuseet er samlingstedet for bl.a håndverkerne. / *The Norwegian Mining Museum is a meeting-point for craftsmen.*

Salg av klokker og kniver har lange tradisjoner. / *The sale of watches and knives has long traditions in Kongsberg.*

Kongsbergmarken. I 1633 ble det bestemt at det årlig skulle holdes to frie markeder på Kongsberg av fire dagers varighet, ett i februar og ett om høsten. Høstmarken er historie, men vintermarken starter fortsatt tredje tirsdagen i februar. Her tilbys kniver, klokker, skinn, spekepølser, husflid og mye annet. Fornøyelser, underholdning og uteliv er viktige ingredienser på en ekte Kongsberg-marken.

Kongsberg Market. In 1633 it was decreed that two markets, open for all traders and each lasting four days, were to be held every year in Kongsberg – one in February and the other in the autumn.
The autumn market has passed into the annals of time, but the winter market continues every third Tuesday in February. Here you can buy knives, watches, skins, cured sausages, hand-crafted products and much more. Entertainment, amusements and the hustle and bustle are important ingredients in a true Kongsberg market.

Hogstkonkurransen har mange ivrige tilskuere. / *The log-chopping competition attracts many keen spectators.*

Fra den gamle bebyggelsen i Kongsberggata. / *Old buildings in "The Street of Kongsberg".*

Interiør fra Glitre gård. / *Interior from Glitre Manor farmhouse.*

Frodige løkker omkranser de gamle bygningene. / *The old buildings are set in natural meadowland.*

Lågdalsmuseet. Høyt og fritt, med god utsikt over Nybrufossen og Bergstaden, ligger Lågdalsmuseet. Her finnes gamle bygninger og tun fra bygdene rundt Kongsberg. Eldre tiders byarkitektur er tatt vare på med bl.a Kongsberggata. Den gamle gården Glitre er nylig restaurert og gir et godt bilde av hvordan de kondisjonerte levde for flere generasjoner siden.

Lågdalsmuseet. *Lågdals Museum lies high in the open with clear views to the Nybrufoss Waterfall and Kongsberg itself. Here you will find old houses, courtyards from the rural areas around Kongsberg, and the city architecture of by-gone days is to be found preserved in "The Street of Kongsberg". Glitre, an old manor farmhouse, has been recently restored illustrating beautifully how the well-to-do used to live many generations ago.*

Fra et bondebryllup arrangert av museet. / *A country wedding arranged at the museum.*

De mange dammene og elvene gir rike fiskemuligheter. / *The many dams and rivers provide rich fishing.*

Noen kilometer syd for sentrum ligger golfbanen. / *A few kilometres south of the town lies the golf course.*

Friluftsbyen. Kongsberg ligger idyllisk til ved bredene av Numedalslågen, omgitt av skogkledde åser. I gruveåsen finnes et nettverk av veier etter bergverksdriften. Fine til spaser- eller joggeturer. Stiene fører deg gjennom lett furuskog og tung granskog som du på høstparten kan fravriste både sopp og bær. På 1700-tallet anla Sølvverket et unikt dam- og rennesystem på Knutefjell for å skaffe vann til gruvedriften. Dammene er i dag Knutefjellets små perler.

The Town of Outdoor Pursuits. Kongsberg is idyllically situated on the banks of the River Numedalslågen surrounded by forest-clad mountains. The mine mountainsides, criss-crossed with roads built in connection with the mining operations, are perfectly suited for walking or jogging. The trails lead through airy pine forests and dark spruce forests where you can harvest mushrooms and berries on autumn days. In the 1700s, the silver mine built a unique dam and wooden aquaduct system on the Knutefjell mountain to provide water for the mining operations. These today are small gems in the Knutefjell mountain.

Friluftsliv er rekreasjon fra et stresset dagligliv. / *Outdoor activities are balm to the stresses of everyday life.*

Billedkunstneren Wenche da Cruz. / *Artist Wenche Da Cruz.*

Kongsberg Glassblåseri ligger i Kirkegata. / *Kongsberg Glass Workshop is situated in Kirkegata.*

Kunstnerbyen. «Byen med sne på toppen og sølv i kroppen», skrev revyforfatteren Landstad om Kongsberg og siktet til skihopperne og Sølvverket. Men byen har langt mer å være stolt av. Det gror i byens kunstnermiljø. I byens mange gallerier stilles det ut et mangfold av arbeider fra både kunstnere og rene amatører. Her kan man se etablerte kunstneres sikre sans for form og farge stillt opp mot de glade amatørers fryktløse entusiasme.

The Town of Artists. *"Peaks capped by snow, silver glinting below". This was how Landstad described Kongsberg, referring to the Kongsberg ski jumpers and the silver mines. But the town can be proud of far more: In the town's many galleries, a host of established artists and amateurs exhibit their works, revealing the artist's true eye for form and colour and the amateur's boundless enthusiasm.*

Rolf Hansen, en nestor blant kunsthåndverkerne i Norge. / *Rolf Hansen, master of Norwegian craftsmen.*

Nybrufossen er byens juvel og et yndet fotomotiv. / *The Nybrufoss Waterfall is a favoured motif for photographers.*

Snørike vintere betyr mye for turistnæringen. / *Heavy snowfalls are important for the winter tourist industry.*

Byen har mange grønne lunger. / *The town has many parks.*

Kongsberg. Før jobbet «alle» i Kongsberg ved Sølvverket eller i Våpenfabrikken. Nå har Kongsberg et mangfold av bedrifter. De ligger godt i forkant av den teknologiske utviklingen og konkurrerer om oppdrag på verdensbasis. Bybildet er i stadig endring og de gamle trehusene får etter hvert konkurranse fra moderne bygninger. Det legges ned en masse tid og krefter på å integrere det nye Kongsberg i den gamle bygningsmassen.

Kongsberg. *Previously, "everybody" in Kongsberg worked either in the silver mines or at the Våpenfabrikk. Now, Kongsberg is a town of industrial diversity. At the leading edge of technological development, they compete for contracts with the best in the world. The town is continually changing, and the old wooden houses now compete for space with new building. A lot of time and effort is invested in ensuring that the new Kongsberg coalesces with the old.*

Byens nye rådhus ligger tett opp til kirken. / *The new town hall is located in close proximity to the church.*